“运动即良药”系列

白领健身操

主编
张　洁

科学出版社
北　京

内容简介

本书根据白领的工作环境、形式、性质、时间等对其进行健身指导，共分为六章，分别为健身知识、运动前的热身、办公室健身操、家庭健身操、运动后的放松及运动损伤的预防和紧急处理。本书采用图片和视频的形式直观地显示了在办公室和家庭环境中的各种健身动作及运动后的拉伸动作。本书还对运动中可能出现的损伤的预防和处理方式做了一些介绍。

本书的主要适用人群为白领，力求为白领们的日常健身提供理论和实践上的指导。

图书在版编目（CIP）数据

白领健身操 / 张洁主编 . —北京：科学出版社，2019.1
（“运动即良药”系列）
ISBN 978-7-03-057381-0

Ⅰ. ①白…　Ⅱ. ①张…　Ⅲ. ①健身运动　Ⅳ. ① G883

中国版本图书馆 CIP 数据核字（2018）第 101574 号

责任编辑：朱　灵 / 责任校对：谭宏宇
责任印制：黄晓鸣 / 封面设计：殷　靓

科学出版社 出版
北京东黄城根北街 16 号
邮政编码：100717
http://www.sciencep.com
苏州市越洋印刷有限公司印刷
科学出版社发行　各地新华书店经销
*
2019 年 1 月第　一　版　开本：B5（720 × 1000）
2019 年 1 月第一次印刷　印张：4 3/4
字数：88 000

定价：32.00 元

（如有印装质量问题，我社负责调换）

“运动即良药”系列编委会

《白领健身操》编写组

主　编

张　洁

副主编

张晓玲

编　委

（按姓氏笔画排序）

张　洁　张晓玲　武家旺　黄沙海　屠佳莲

加强体育锻炼，惠及健康生活

（代序）

进入 21 世纪以来，人们日益关注的健康问题已经上升为国家战略。2016 年 10 月 25 日，中共中央、国务院发布了《“健康中国 2030”规划纲要》（以下简称《纲要》），这是今后 15 年推进健康中国建设的行动纲领，要求把健康融入所有政策，全方位、全周期保障人民健康，大幅提高健康水平。在《纲要》中，共 34 次提到“体育”这一关键词，这是因为体育运动与健康有着息息相关的内在联系。

“生命在于运动”，运动既是一门科学，也是一门艺术，更是一种健康的生活习惯，但并不是每一项运动都适合所有人，不同人群适宜的运动强度、运动时间也有所差异，不适宜的运动、运动不足或过度运动都有可能对健康造成损害。那么，究竟什么运动才适合自己？生了病也可以参加运动吗？

我们常说，“良药苦口利于病”，但并不是所有的疾病都只有咽下这苦不堪言的“良药”才能治愈，也不是咽下这口苦药就能药到病除。其实，科学的运动处方也是一剂“良药”，而且还是一剂不用尝“苦”却具有显著效果的“良药”。那么，这“药方”该怎么开？我们自己能开吗？到底如何利用运动这剂“良药”来达到促进健康的目的呢？

要解决这些问题，当务之急是找到“合适的运动素材”，具体来说有两点：一是所选的项目和运动器材适合自己的年龄段；二是所选的运动对防治自己年龄段常见疾病有针对性和防治效果。

目前，市面上有关体育锻炼的书籍虽然不少，但真正能够提供“合适的锻炼素材”的书籍仍比较缺乏。上海体育学院拥有许多具有较高科研水平和丰富教学

经验的专家，他们均长期从事运动促进健康方面的研究，经验丰富，硕果累累。此次，学院专家们与科学出版社共同打造了这套“运动即良药”系列。

在编写过程中，我们不断摸索、调整，为青少年、中青年白领、老年人等不同人群分别设计运动方案，也介绍了羽毛球、游泳、广场舞等人们可普遍参与的专项运动；在努力形成统一风格以便读者阅读的同时，也尝试使用新的可视技术为读者提供更加直观的指导。

我们希望，这套图书能够更好地为运动功能的发挥服务，并为广大读者打开一扇通往健康生活的阳光之门。由于多种因素的制约，本套图书可能还存在有待改进之处，我们希望能够得到大家的鼓励和有益的评论，也欢迎广大读者实践后向我们反馈意见和建议，帮助我们把此项工作做得更好。

陈佩杰

2016 年 10 月

前　言

现如今，大家对健康的日益关注与亚健康人群比例的日益增加成了矛盾的焦点。尤其是白领一族，长期伏案或是长时间保持一种姿势，导致很多人备受颈椎病、肩周炎、腰椎病、视力下降、静脉曲张等疾病的困扰；工作的压力及饮食的不规律，又易产生高血脂、高血压、高血糖及其他各种慢性疾病。白领们都明白自己处于亚健康状态，也清楚体育锻炼能够改善这种状态，但大部分人却选择忽略，原因很多，如没时间、没场地、没精力、没人指导。

其实，体育锻炼并不需要大段的空闲时间，也不需要专门去健身房才能进行。只要有效利用工作中的“零碎”时间，即便是在狭小的办公室，我们也能利用身边随处可见的“健身器材”，通过一些简单的动作来缓解疲劳、放松肌肉。下班与家人共进晚餐至睡前的这段时间，亦是进行体育锻炼的“大好时光”。

本书根据白领们的工作性质、工作环境等特点，为白领一族的日常健身提供了理论指导，并针对办公室和家庭两种环境，将一些或简单有效，或健身必练的动作编创成多种操类组合，通过真人演示图片及视频，再配以详细的动作说明来呈现。

本书由上海体育学院张洁副教授主持编写，动作示范模特为上海体育学院2015级学生屠佳莲和武家旺，全书分为六章：第一章是健身知识，主要针对健身过程中需要了解的一些概念、健身小知识、常见的健身误区、科学的健身方法和合理的健身饮食等进行了阐述，从理论上为白领们答疑解惑；第二章是运动前的热身，主要介绍了热身的功效、分类和注意事项；第三章是办公室健身操，针对

办公室地方狭小的特点，动作主要以伸展为主，且幅度不大，利用了随处可见的笔、文件夹和椅子来进行动作的创编；第四章是家庭健身操，介绍了常见的几大部位，手臂、臀、腿及核心部位的练习动作，以徒手动作为主；第五章是运动后的放松，着重介绍了放松的功效和注意事项，并对身体各部位的拉伸动作进行了说明；第六章是运动损伤的预防和紧急处理，针对在运动中常遇到的运动损伤种类，介绍了每种损伤的成因、表现，并介绍了如何预防和紧急处理。

希望通过本书的阅读，让白领们都学会作自己的健康顾问，能从现在开始，动一动身体，缓解工作带来的压力，让自己能成为更好的自己。

本书在编撰过程中，得到了“运动即良药”系列编委、上海体育学院科研处的大力支持和指导，在此表示衷心的感谢！书中难免有不足之处，恳请读者批评和指正！

主　编

目 录

第一章
健身知识

第一节 白领健康及健身操概述

一、白领概念的界定

白领通常是指有较高教育背景和工作经验的人士，是西方社会对企业中不需要做大量体力劳动的工作人员的通称，又称白领阶层。

中国最大的白领网站“白领公社”认为，白领泛指在企事业单位从事脑力劳动的员工。

二、白领常见的亚健康（疾病）表现形式

白领人群因为工作的特性，普遍缺乏运动和身体保养的时间，且引发很多陋习，导致了各种亚健康（疾病）情况的发生。

白领人群因工作需要，应酬比较多，热量摄入超标，加上运动减少，很多人容易出现代谢紊乱，从而引起高脂血症，继而引发脂肪肝；许多白领有吃零食、夜宵的习惯，这容易使其血脂升高；长时间的节食、饥饿、神经性厌食、肠道病变则使一些白领出现营养不良性脂肪肝；饮水不足导致脑老化，诱发脑血管及心血管疾病，并影响肾脏代谢功能；长时间在空调房中，干燥、空气流通不畅，人体极易缺水，且当室温处于 20 ~ 30 ℃时，人体代谢率较低，因此，长期在空调环境会影响人体正常代谢。

超重及肥胖、血脂异常、慢性咽炎和脂肪肝已成为威胁白领的四大健康问题，超过 20% 的白领出现了其中一种或多种。正是这些问题带来了冠心病、高血压、糖尿病、脑血管疾病、慢性咽炎、肝硬化等多种疾病的威胁。

三、健身操的功效与特点

本书所说的健身操是指通过简单的动作重复，来达到缓解疲劳、促进健康、改善体态、塑造形体等目的的操类练习。它具有以下特点：

（1）动作简单易学，且大多数的动作左右方向相同。

（2）不受场地限制，无论是在办公室还是家中，一块空地还是办公桌前，均可进行。

（3）不受时间限制，可以利用上班的“碎片”时间，或是在饭后、睡前，甚至看电视的时候，选择性进行一些伸展、力量练习。

（4）可徒手练习，也可负重练习，可根据自身情况进行选择。

（5）器械因地制宜，随手可取的笔、文件夹、矿泉水瓶，均可作为锻炼的器械。

第二节　健身小知识

当今社会是信息时代、科技时代，很多东西都可以通过互联网来搜索。我们在搜索健身方面的知识时经常会碰到一些概念性的名词，有的听到过，能理解；有的听到过，但不甚理解；还有的没听到过，也没看到过。下面我们对一些出现频率较高的词语进行梳理，相信对白领们以后自己查找健身资料或判断自己身体的一些指标能提供一些帮助。

1. 体重

顾名思义，体重是指身体实实在在的重量。体重是反映和衡量一个人健康状况的重要标志之一，过胖和过瘦都不利于健康，也不会给人以健美感。

2. BMI

BMI 即体重指数，是用体重（千克）除以身高（米）的平方得出的数字，是目前国际上常用的衡量人体胖瘦程度及是否健康的一个标准。BMI 考虑了体重和身高两个因素，简单、实用，可反映全身性超重和肥胖。

中国成人 BMI 数值的参考标准：BMI<18.5 为偏瘦；BMI 18.5 ～ 23.9 为正常；BMI ⩾ 24 为超重；BMI 24 ～ 26.9 为偏胖；BMI 27 ～ 29.9 为肥胖；BMI ⩾ 30 为重度肥胖。

3. 体脂率

体脂率是指人体内脂肪重量在人体总体重中所占的比例，又称体质百分数，这是能反映体内脂肪含量的数字，它较 BMI 来说，能更好地说明一个人的“胖瘦”情况。

成年人的体脂率正常范围分别是女性 20% ～ 25%，男性 15% ～ 18%。体脂率过高不仅影响身材，它还意味着内脏脂肪偏高，给身体的内脏器官带来很大压力，增加很多突发疾病的患病风险，如糖尿病、脂肪肝、高血脂、高血压等；体脂率过低同样会引起身体各功能失调。身体脂肪含量不足，容易导致骨质疏松，同时也会造成体内激素水平紊乱，情况严重者甚至会影响生殖器官的发育。

成年女性的体脂率计算公式：参数 a= 腰围（厘米）×0.74；参数 b= 体重（千克）×0.082+34.89；身体脂肪总重量（千克）=$a-b$；体脂率 =（身体脂肪总重量 ÷ 体重）×100%。

成年男性的体脂率计算公式：参数 a= 腰围（厘米）×0.74；参数 b= 体重（千克）×0.082+44.74；身体脂肪总重量（千克）=$a-b$；体脂率 =（身体脂肪总重量 ÷ 体重）×100%

4. 目标心率（运动心率）

保持最佳运动心率对运动效果和运动安全都很重要。心率过高，会对身体健康不利，导致恶心、头晕、胸闷等，心率低对身体没有危害，但是锻炼效果不好。

运动心率 = 最大心率（220– 年龄）× 强度百分比（60% ~ 85%）。例如，一个 40 岁的白领，她适宜的运动心率在（220–40）×（60% ~ 85%），即为 108 ~ 153 次 / 分。

5. 隐性肥胖和肌肉性肥胖

10 个女性至少有 9 个体脂率超标，一般都高出 25%。女性大多不爱运动，体重在正常范围时，肌肉比例偏低，脂肪比例自然要超标。健身行业内，把这种体重不超标但脂肪比例超标的称为“隐性肥胖”，如不及时纠正，30 岁以后就会发展成真正的肥胖。

有一类人天生身材魁梧，肌肉含量高，有点像欧美人，称为“肌肉性肥胖”。大多是遗传因素，父母至少有一方体型魁梧。这种人减肥比较难，需要极强的毅力，且不容易看到效果。

6. 内脏脂肪和皮下脂肪

内脏脂肪易堆积也易消除。每天吃进去的糖、油脂等都会转化成脂肪，其中的一部分会根据我们自身的需要，附着在内脏的表面形成内脏脂肪，在空腹时或运动后给组织器官提供能量。当我们摄入过多油脂或缺乏锻炼的时候，内脏脂肪就会过度堆积，但内脏脂肪的堆积有时并不会在体型上有所表现。所以，有些人明明看起来不胖，但患有脂肪肝。如果你是内脏型肥胖，控制饮食和增强运动两手一起抓，一定可以瘦下来。当然，饮食上减少脂肪摄入，是防止内脏脂肪堆积最根本的办法。

与内脏脂肪相比，皮下脂肪堆积就没有那么多危害。它的主要功能是保护内脏和抵御寒冷。皮下脂肪依靠每天的饮食进行储存，相当于身体的一个保护层。所以，它是绝对不会轻易让你作为“燃料”用掉的，只有当你进行长时间有氧运动的时候，血液内的一些激素（如肾上腺素）上升，刺激皮下脂肪分子慢慢分解，这时皮下脂肪才会越来越少。

7. 身体水分

身体水分占体重的百分比与肌肉量有着极其密切的关系。这项指标能够反映减重的方式是否正确。如果水分占体重的百分比下降，不但有损健康，更会令体脂率上升。

身体水分占比一览表

年龄（岁）	男	女	胖瘦程度
≤ 30	66.0% ～ 60.5%	66.0% ～ 56.4%	瘦
	60.4% ～ 57.1%	56.3% ～ 53.0%	偏瘦
	57.0% ～ 53.6%	52.9% ～ 49.5%	标准
	53.5% ～ 50.2%	49.4% ～ 46.1%	偏胖
	50.1% ～ 37.8%	46.0% ～ 37.8%	胖
>30	66.0% ～ 59.1%	66.0% ～ 55.0%	瘦
	59.0% ～ 55.7%	54.9% ～ 51.6%	偏瘦
	55.6% ～ 52.3%	51.5% ～ 48.1%	标准
	52.2% ～ 48.8%	48.0% ～ 44.7%	偏胖
	48.7% ～ 37.8%	44.6% ～ 37.8%	胖

8. 基础代谢和行为代谢

人吸收的热量主要用在两个方面：一是基础代谢，二是行为代谢。基础代谢则包括呼吸、体温、心跳、大脑思考、头发和指甲生长、肌肉、血液和内脏运作、食物的消化和吸收等；而行为代谢就是一切身体活动所需要的热量，如走路、跑步、工作等，这些都要消耗热量。

一般女性每天的基础代谢量约为 1 200 千卡（1 千卡 =4.184 千焦），男性约为 1 600 千卡，基础代谢一般占总代谢的 60% ～ 75%，一个不爱运动的女性甚至会占到 80%。

9. 卡路里

卡路里本身就是一种能量单位：是指 1 克水在一个大气压下温度升高 1 ℃所需要的热量。你只需要记住，在食物的范畴里，我们基本可以简单地认为：卡路里，能量，热量，就是一种东西！

碳水化合物、蛋白质、脂肪和酒精这四种能量来源，是如何变成具体卡路里的？

以 1 克来计算，单位热量如下：碳水化合物——4 千卡，蛋白质——4 千卡，脂肪——9 千卡，乙醇——7 千卡。想知道某种食物的热量，只要把这些比值和每种营养素的克数乘一乘，加起来，就能计算出它的热量。

人体饮食的量取决于人体对热量需求，人体每天需要的热量：

——1 600 千卡：主要是不活动的女性。

——2 200 千卡：孩子、青少年女性、活动女性和不活动男性。

——2 800 千卡：青少年男性、活动男性和活动量大的女性。

10. 血糖指数

血糖指数（glycemic index，GI），被用来衡量食物中的碳水化合物对血糖浓度的影响。

通常 GI>70 的食物为高血糖指数食物，GI ≤ 55 的食物为低血糖指数食物。GI ≤ 40 的食物是糖尿病患者可安心食用的食物。

食用高血糖指数的食物，在短时间内会使血糖升高，胰岛素唤起身体功能，将吃进体内的热量转化为脂肪；而低血糖指数食物的消化吸收作用会相对较慢，让血糖值维持在比较稳定的状态，所以能带来更长时间的饱腹感，因此食用低血糖指数的食物一般能帮助身体燃烧脂肪，达到瘦身的作用，而高血糖指数的食物则恰恰相反。

高血糖指数食物主要有蛋糕、饼干、甜点、精加工且含糖量高的即食食物。低血糖指数食物主要有粗粮、豆类、乳制品、含果酸较多的水果（苹果、樱桃、猕猴桃等）、全麦或高纤食品。

11. 低脂食物和低热量食物

低脂和低热量是两个不同的概念，低热量食物一般指含淀粉、糖类等碳水化合物较少的食物；而低脂食物是指脂肪和胆固醇含量较低的食物。

低脂食物不一定就热量低，所以平时要综合考虑每天摄入热量和脂肪的量，合理选择食物的种类和数量。

第三节　常见的健身误区

我们在健身锻炼过程中，往往会听到一些诸如“我今天锻炼出了好多汗，肯定能减重了”“我怎么练了那么久，体重还是没下降，反而还重了一点呢”“我就去跳操，不练力量，女孩子练力量肌肉太发达了，好难看的”“我要减肚子，所以现在天天在家做仰卧起坐”等等，这些其实都是普通人群根深蒂固的一些健身误区，我们有必要对这些问题进行分析，帮助大家科学地认识健身。

1. 减脂 = 减重

很多人会将减脂和减重混淆，认为只有减重了才会减少脂肪。其实，减脂是降低体脂率或减少脂肪的含量；减重是降低身体总重量，包括肌肉、脂肪、水分等，减重过程肌肉和脂肪会一起流失，不可能只减少脂肪而不减少其他任何组织。

肌肉大部分是由肌纤维组成的，脂肪则由脂肪细胞组成，脂肪细胞要比肌纤维体积大，质量轻，肌肉的密度远高于肥肉，因此更重。同样的重量，但是脂肪占空间比例较大，肌肉所占空间比例较小。这也就是为什么有些人体重一样，但身材却完全不同的原因。

我们从食物中获得能量来供给我们一天活动需要的能量，如果摄入的能量超出每天消耗的能量，就会慢慢转化成脂肪，开始堆积。而肌肉是消耗能量的，肌肉越多，即使不运动消耗的能量也很多，所以很多肌肉发达的人不容易胖。

了解其中区别后就知道如果仅仅追求减少重量，而不去降低脂肪比例，甚至减少水分、肌肉等身体有用部分，那就是残害自己的健康，加速自己的衰老，降低自己的代谢率，这和减肥的根本目标是背道而驰的，也更容易反弹。

很显然，这是不可取的。

所以，你真正要在意的不是体重而是体脂。科学减肥 = 有氧运动消耗脂肪 + 肌力训练增长肌肉提高代谢 + 合理的饮食提供必需营养。

2. 女生进行力量训练容易长肌肉

生长肌肉需要一种极为关键的激素，即睾酮。睾酮是男性荷尔蒙，用于构建肌肉和燃烧脂肪，正常的成年男性每天能分泌 2.5 ～ 11 毫克睾酮，女性分泌睾酮的量远远低于这个值。相反，女性有高水平的雌激素，让她们不能长太多肌肉或者燃烧太多脂肪。雌激素过于旺盛会打乱新陈代谢，降低新陈代谢从而阻止脂肪燃烧。因此，女性必须调节雌激素，使其保持在正常水平。

即使有了足够的睾酮分泌，要长肌肉依旧是一件很难的事情，需要多组数、大重量的力量训练（健美训练模式），高碳水化合物、高蛋白的多餐饮食，差不多每种营养物质都要翻倍摄入。即使是男性，增肌也是以年为单位的。

3. 跟着各种健身动图练习就能达到效果

微博、微信朋友圈中常常告诉你做好某几个动作，一个月或者几周就可以练出图片里模特身上的人鱼线或六块、八块腹肌。

减脂与增肌是非常漫长的过程，自己经历过就能体会到有多艰难。健身不是靠几个动作就可以达到目的的，还要有合理的饮食和休息。

4. 局部锻炼，想瘦哪里瘦哪里，哪里难看练哪里

脂肪是很难局部消耗的，它的消耗牵一发而动全身，不会通过某个动作定向消耗。

也就是说你不可能人为地只减某一部位的脂肪，至少目前的研究还没有发现针对大众的运动水平能局部减脂的事情，只能全身一起减，或者说加强锻炼某一部位的肌肉线条。

很多人经常只锻炼重视的部位，如胸肌、手臂、腹肌这些比较容易看出成果的部位，但忽略了腿和背。其实，后者同样甚至更加重要。多做复合运动才能刺激到全身的肌肉，局部锻炼可以穿插在全身运动之间，但不是最主要的。

5. 练习平板支撑可以练出八块腹肌

平板支撑可以锻炼核心力量，但是明显的八块腹肌离不开较低的皮脂（男性 10% ～ 14%），需要多做复合训练才能练出八块腹肌。

6. 热身和拉伸做不做无所谓

很多人常常忽略了运动开始前的热身和运动后的拉伸。其实，热身和拉

伸很重要，作用有以下两个：拉伸肌筋膜，促进肌肉纬度增加；增加肌肉的柔韧性，减少受伤的可能。热身和拉伸可以提高身体运动能力，改善身体不对称性。

7. 流汗＝减脂

流汗和减脂不是一个概念。减脂效果根本不能用排汗量来衡量！流汗只是意味着你的身体在帮自己降温而已，每个人流汗的程度不尽相同。《英国医学期刊》研究表明，减脂过程中 84% 的脂肪是由呼吸排出体外的，只有 16% 是通过尿液、汗液、泪液等体液排出。

8. 长时间不锻炼，肌肉会变成肥肉

肌肉是人体一个重要的组织，脂肪是过剩营养的堆积，主要在皮肤和肌肉之间，犹如“穿”在体表。这是两种完全不同的物质，就像蛋黄和蛋白，不可能转换。长时间不锻炼，肌肉会松弛，但绝对不会变成肥肉，若想肌肉恢复弹性，只需继续锻炼就可以了。

9. 靠慢跑就能健身减肥

很多人认为慢跑是最好的减脂塑形运动，可惜事实并非如此。一味地慢跑只会让你变成“瘦胖子”，更别说紧致有型了。肌肉是低体脂的前提，是优美曲线的保证。想变得凹凸有致，必须进行抗阻训练。

另外，体重过大的人练习跑步，容易增大关节负担，跑步时容易使膝盖震动，从而引起受伤！所以，建议先从快走开始，感到轻松无压力后再慢跑，进而到快跑，循序渐进。

在坚硬、弹性差的地面上跑步会增加下肢关节的负荷，所以跑步时尽量选择场地较松软、有弹性的地面，如果条件不允许，最好用跑步机代替，这样能够有效减少下肢关节的负荷，保护膝关节。经常下坡跑对膝盖冲击很大，伤害也会很大，所以尽量避免下坡跑，即使下坡跑，也要注意速度要减慢，步幅要变小。

10. 训练时的重量越大越有效果

训练时，一定要注意动作的标准性和肌肉的正确发力点，这样才能正确地刺激肌肉，才能让训练的效果更好。相反，如果一味地注重训练的力度，每次训练都用极限重量或超出极限重量，这样会导致动作不规范，达不到效果不说，反而还会拉伤肌肉。

所以，在训练时先用轻重量来规范动作，找到肌肉的正确发力点，慢慢循

序渐进，重复多次，也能刺激到肌肉。

11. 要想增肌必须天天都去健身房

你是不是以为天天去健身房，不仅能体现出勤奋刻苦，同时还能得到更多肌肉？而实际上，肌肉是在休息时长出来的，而不是你练的时候长出来的，所以结合你自身情况，选择每周 3 ～ 5 天训练即可。

12. 肌肉酸痛说明在长肌肉

运动健身之后会发生乳酸堆积从而导致肌肉酸痛，这是正常现象，但如果疼痛很强烈，且持续 3 ～ 4 天或更长时间，有可能是你的动作做错了，也有可能是你训练过度了，还有可能是因为你某个方面的训练水平（耐力、绝对力量、神经募集能力）下降了，因此需要降低运动强度，严重时应该立即停止运动，同时做按摩、理疗等。有条件的可以向私人教练或者运动康复医生求助，获取专业的指导和训练才是健身塑形的捷径。

13. 做瑜伽能减肥

瑜伽主要是对肌肉的一种拉伸，融合了呼吸和冥想，大部分情况是静态的，可很好地放松身心。其减肥效果并不显著，但作为辅助手段还是不错的，适合在运动之后练习。

14. 减脂可以和增肌同时进行

减脂期饮食较少，热量摄入偏低，想要让肌肉生长则不太可能；为了保证最大的增肌效果，增肌期摄入热量都是偏高的，也就是说增肌期会增加脂肪。所以，这是两个完全相反的过程，不太可能同时进行。刚开始健身的人在训练初期注意加强力量训练的话，会出现少量“减脂又增肌”的情况，但幅度都是很小的。

15. 生理期是“天然瘦身期”

生理期人体体温会升高 0.3 ～ 0.5 ℃，每天的热量消耗比平时增加 47 ～ 48 千卡，仅仅相当于半个苹果的热量。因此，生理期随意吃也会长肉。

生理期体内的雌激素和孕激素水平发生变化，会导致水分大量堆积在体内，从而造成水肿；受荷尔蒙分泌的影响，生理期人的情绪易激动，比较嗜甜食，从而造成热量摄入超标，再加上其间运动相应减少，进而易造成脂肪堆积。

第四节 科学的健身方法

1. 选择适合自己的重量

大家都知道，要想肌肉生长，就要让肌肉不断受到外力的牵拉。在锻炼某一个部位时，动作只有常见的几种，对肌肉生长起作用的参数有 3 个：次数、组数、负重。在这 3 个参数中，其中对肌肉体积增大起决定性作用的是负重。

这里首先要引入一个概念：RM。“RM”是英文“repetition maximum”的缩写，中文是“最大重复值”的意思，它不是一个具体的重量，每个人的 RM 不同。例如，10 RM 是指可以最大重复举起 10 次的重量。

1 ～ 4 RM 主要增长绝对肌力和体力，6 ～ 12 RM 主要增长肌肉围度，16 ～ 20 RM 主要发达小肌肉群和增进肌肉线条弹性，25 RM 以上主要用于减脂、增强心肺功能、健身塑形等。

2. 不要过快减重

许多女生都遇到过一个问题，在短时间里很快地减轻了自己的体重，然后一旦停止运动或者节食就马上反弹回去甚至更重。接着，又开始希望可以在短时间里很快地减轻体重，然后她会发现这一次快速减轻体重比上一次更加困难。而且即使减重成功，也会发现体型并没有什么变化。造成这种问题的原因是在减脂过程中过快减重会造成肌肉过多流失，从而过多降低了基础代谢值。基础代谢值过多降低会让身体更加容易产生脂肪从而增加体重。

另外，细胞更新一次的周期是 90 ～ 180 天，脂肪作为人体组织不可或缺的一部分，通过产生新脂肪细胞来取代那些自然死亡的细胞。身体本身会严格控制脂肪细胞数量，要想打破身体的这种平衡，要坚持 3 个月以上，突破细胞再生这个难关。

3. 在力量训练中一定要注意动作的标准性

如果动作不标准，那么就意味着为了训练某一块肌肉所做的动作中有其他肌肉借力，同时想训练的那块肌肉并没有得到非常充分的锻炼。借力的肌肉有可能让关节的稳定性变差，同时这也增加了受伤的风险。如果想训练的肌肉没有得到充分锻炼，那么意味着你的这个训练只是完成了热量的消耗，想训练的肌肉也不会有明显的增加，肌肉的形状也很难变得立体而且饱满。那些代偿的肌肉也可影响体型，即使增加了肌肉，也很难得到健身者想要的体型。

4. 在减脂增肌期间要选择复合性的力量训练

复合性的力量训练是指多关节参与的大肌肉群训练，如深蹲、硬拉、引体向上、卧推等，这些力量训练的经典动作都是复合性的力量训练。复合性的力量训练可以在同一时间里让身体更多的肌肉收缩，这样的力量训练会让心率提升得很高，意味着健身者在单位时间里消耗的热量很大，而且大肌肉群得到了充分锻炼后在 24 ～ 72 小时的恢复中也会让身体消耗更多的热量，也会让健身者增加更多的肌肉含量。相反，如果健身者进行一些单关节参与的小肌肉群训练，如仰卧起坐、肱二头肌弯举等，在完成这些训练动作的时候健身者会感觉到肌肉的酸痛，却不能感受到心率明显提升，热量消耗也比较少。即使这些肌肉得到了充分锻炼，由于所训练的肌肉体积比较小也不会使健身者增加很多肌肉含量。所以，健身者在减脂训练中要选择复合性的力量训练，让训练更有效，也更高效。

5. 生理期可选择适当的运动

生理期前 1 ～ 3 天，应该尽量避免下半身的运动，可选择一些轻柔、舒缓的运动，做上肢的塑形训练，且运动时间不宜过长。

生理期后期，身体逐步恢复，这时可以选择慢走、慢跑等运动。

生理期结束后 1 周，人体的雌激素分泌旺盛，代谢能力增强，可以适量做一些有氧 + 无氧的运动。

第五节　合理的健身饮食

1. 节食不能减肥

当过多节食时，身体会误以为进入困境，于是便节约开支，尽量减少热量消耗，这时身体的代谢率反而降低 20% ~ 30%。所以，过度节食的人往往整天没精神，虽然吃得少，但热量消耗也相应降低，最可怕的是身体还会分解肌肉作为营养。节食除了会丢失肌肉，还会丢失大量水分，一旦食量恢复，身体便加快吸收，于是体重快速反弹，这时只长脂肪不长肌肉，且往往会超过原来的体重。此外，适量食用一些脂肪可提高人的代谢率，对减肥有利，所以减肥期间不能只吃素菜，最好合理搭配。

2. 适量地摄入脂肪

长不长脂肪取决于有没有热量盈余，而不在于吃了什么。实际上，脂肪对维持人体生理功能具有重要作用，一些参与代谢的维生素都只溶于脂肪中，如果不吃脂肪，维生素吸收受阻，人体不能正常进行能量代谢，从而会导致肥胖。可以将脂肪的食用热量控制在一天食物摄取热量的 10% ~ 15%，最好选择有益脂肪，即不饱和脂肪酸。植物类如橄榄油、菜籽油、玉米油等植物油和原味坚果都是很好的选择。动物类如深海鱼油就很好。

3. 健身必须摄入碳水化合物

所谓的碳水化合物，通常指米饭、馒头、面条之类的主食。刚开始不吃碳水化合物，体内会大量产生酮体，使身体轻微脱水，所以会觉得体重快速减轻。但是时间一久，就会没效果，长期缺乏碳水化合物更会导致脂肪燃烧不完全，从而造成肝、肾的负担。晚上不要吃碳水化合物的说法也是错误的！变不变胖取决于一天都吃了什么，而不取决于什么时候吃。

4. 不是所有水果都有益

很多人白天上班忙，没有时间吃水果，常常是晚饭后开始吃。殊不知，中医认为“夜属阴”，大多数水果属于“寒性”食物，多吃容易伤脾胃，从而聚湿生痰。如果脾胃功能进一步失调，则体内痰湿容易变成膏脂，蓄于肌肤，日积月累，则成肥胖。且水果中含有大量“果糖”，非常容易被人体吸收而转化为热量，这些热量如果消耗不了，就会转化成脂肪储存于体内，肥胖也就因此而产生。

含糖量低的水果（含糖量 4% ~ 10%）：如西柚、西瓜、青梅、草莓、杨梅；含糖量中等的水果（含糖量 10% ~ 15%）：如橘子、木瓜、桃子、苹果、葡萄、菠萝、猕猴桃、石榴；含糖量高的水果（含糖量 >15%）：如香蕉、柿子、荔枝、山楂、甘蔗、鲜枣。减肥期间不建议多吃含糖量高的水果，而且每天的水果摄入控制在 200 克内。

5. 要补充足够的蛋白质

足够的蛋白质能帮助身体在减脂时有效防止肌肉流失，从而使身体的新陈代谢维持在较高状态。所以，充足地食用蛋白质对减少脂肪有特别重要的意义。

据中国营养学会调查显示：中国人的蛋白质食用量占一天食物摄取量的 5% ~ 10%，如果想健康地减少脂肪，蛋白质的食用热量应该占一天食物摄取热量的 35% 以上。

蛋白粉不是激素，也不是增肌神药，它只是蛋白质的便捷补充剂。蛋白质的来源除了蛋白粉还有猪肉、牛肉、鱼肉、豆类等食物。蛋白质的补充量跟训练强度的大小有关，一般是训练强度大，或者平时饮食中蛋白质补充量不够，来选择蛋白粉作为补充。所以，就算吃了蛋白粉，如果不锻炼的话肌肉也不会增长。

每天注意补充一些高蛋白质食物，如瘦肉、鸡肉（去皮）、鱼肉、蛋类、乳制品；尤其是肚子饿的时候，用蛋白质食物来充饥是很好的选择，它们消化时间长，饱腹感强，不易转化为身体脂肪。

6. 运动前、中、后的水分补充

运动前、中、后补充水分是很重要的，运动补水的原则可概括为以下几点：

（1）运动前 2 小时喝约 500 毫升的白开水，以提高机体的热调节能力，并将体液平衡和渗透压调节到最佳状态。

（2）运动中最好每隔 20 分钟适当补充一两口水，少量多次，以平衡体内汗液的流失。运动中饮用的运动饮料是最好的补充碳水化合物和蛋白质的方式。

（3）剧烈的运动会导致大量的水分经由汗水流失，因此在运动后，人体都处于不同程度的缺水状态，需要积极地补充水分。一般情况下，运动后每减去 0.5 千克体重，水的摄入量要增加 2 ～ 3 杯，500 ～ 700 毫升。

7. 健身不是只能喝水

运动能量饮料含有咖啡因和牛磺酸，具有加速人体代谢与燃烧脂肪的作用，它可以补充糖分和电解质，比较适合高强度、流汗多的人，如果是一般慢跑或者快走在半小时以内，饮用普通水就可以了。

适量饮用咖啡的好处之一是使人体代谢加速。此外，咖啡因还能减轻运动后的疲劳，提高健身过程中的耐力。不放糖，可适量加奶。有条件时喝脱脂的奶，无糖无奶的美式咖啡最好。

绿茶既能补充咖啡因，又能提供茶多酚，这两种成分具有提高身体代谢的作用。研究显示，每日饮用 2 ～ 4 杯绿茶，能够多燃烧 17% 的热量。

8. 运动后需要补充一些食物

别以为运动完不吃就会瘦！运动之后，身体需要摄取食物来作为恢复精力与修护肌肉的来源。运动后如果不吃东西会使得身体被迫分解肌肉来作为能源。

但也不是运动后就可以大吃特吃，一般建议运动后的食物热量控制在 300 千卡左右，碳水化合物（糖类）与蛋白质为 4:1 或 3:1。

9. 合理地吃蔬菜

吃一顿饭在咀嚼、消化、吸收食物的过程中能够消耗掉 50 千卡的热量，一天只靠吃饭大约能消耗 150 千卡的热量。而且，这些热量都是由血糖、糖原等提供的。

食物中的热量最终会变成我们身上的脂肪，尤其在我们吃饱后坐着不动或是躺着休息时，很容易使脂肪堆积起来。蔬菜富含纤维素，体积比肉类更“庞大”，所以吃菜后更容易产生饱腹感，但热量却比肉类低。

蔬菜中富含维生素及矿物质，虽然它们在体内的含量少，却是调节激素平衡的重要营养素。食用维生素及矿物质可以维持身体的新陈代谢速率，保证身体在热量摄取降低的情况下维持健康状态。但是，维生素和矿物质会随着温度的改变而变化，尤其是在高温下会因为失去生物活性而丧失对身体的作用。大部分时候出于烹饪方法的原因，维生素及矿物质的摄取量其实很低。因此，我们要改变传统饮食观念，大量食用生鲜蔬菜，减少对于蔬菜的烹饪环节，这样既保证了维生素及矿物质的摄取，又增加了饱腹感。

10. 在减脂期间选择低糖碳水化合物来代替米饭或面食

米饭或面食都可以给身体提供充足的碳水化合物，但是它们都属于高糖碳水化合物，更容易转化成脂肪，同时可能造成血糖不稳定，更容易产生饥饿感，为了稳定血糖，肌肉中的蛋白质会被异化为糖，也就是肌肉被分解了。而低糖碳水化合物食物，如糙米、薏米、燕麦等，不仅可以给我们的身体提供充足的碳水化合物，而且它们更难产生脂肪，同时也使血糖更加稳定，有较强的饱腹感，所以我们需要选择低糖碳水化合物食物来代替米饭或面食。

11. 碳水化合物、蛋白质、脂肪缺一不可

在正常情况下，碳水化合物被转变成为人体储存短期能量的糖原，为大脑和机体提供最直接和最主要的能量；蛋白质被水解成人体必需的氨基酸，催化体内一切物质的合成、分解和代谢，构成人体中的各种组织。糖原不够时，身体还会通过消耗蛋白质来合成糖；脂肪储存在体内，为我们提供静态时所必需的热能，维持体温，帮助多种维生素消化吸收。这三者缺一不可，严重不平衡的，会影响到血糖和胰岛素水平！

低碳水化合物的饮食会造成疲劳乏力、脱水、便秘、肌肉无力、暴躁易怒、肾功能衰退、钙质流失；低蛋白质饮食易造成疲劳乏力、免疫力低下、贫血、水肿或消瘦、腹泻、脱发、指甲脆弱易断；低脂肪饮食则会导致视力问题、极度不耐寒、骨质疏松、易出血且不易止血、维生素和矿物质缺乏。

12. 长期过低热量摄入的方式会导致身心不健康

在减脂的过程中一般来说我们会采用摄入的热量小于消耗的热量的方式，但是这不意味着你要将热量降低到一个极低的水平而且长期保持这种低热量。长期低热量可以让体重保持在一个较低的水平，但是也意味着肌肉的流失、脂肪的增加。身体慢慢形成中心性肥胖，即使是体重很低也属于肥胖的范围，且长期低热量的饮食摄入，会形成营养不均衡甚至会造成心理问题。

13. 空腹健身还是饱腹健身因人而异

空腹健身还是饱腹健身都应视自己身体情况而定。自身条件不同，答案就

不同！虽然空腹运动单纯对于脂肪燃烧的效果会有所提升，但是这是在不考量健康水平情况下的结论。空腹健身轻则会在运动时头晕目眩，重则会导致血液中的游离脂肪酸明显增高，从而引起心律失常甚至可能会导致猝死。

运动前可以补充些果汁、面包片、牛奶、酸奶、水果等容易消化的营养食物，最好是六成饱。如果要进食的话，至少在运动前 1 小时完成用餐；低血糖的人和上班族应先吃再运动。

当然，刚刚吃饱就去锻炼也不科学。刚吃饱即健身可引起胃下垂、胃食管反流等疾病，如果时间和条件允许的话，饭后 2 小时左右再运动比较好。

14. 帮助燃脂的食物

（1）牛奶：含有乳清蛋白，可以帮助燃烧多余脂肪，减轻体重；含有丰富的钙质，钙在减肥过程中发挥着重要作用；含有维生素 D，有助于人体吸收钙；主要成分是蛋白质，不会很快就被消化吸收，因此睡前喝牛奶并不会给夜间的能量消耗带来负担，而且第二天起床也不会感到很饿。

（2）鸡蛋：科学研究得出，那些以荷包蛋、水煮蛋或炒鸡蛋作为早餐的人和其他人相比能够多减去约 2/3 的体重。早餐吃鸡蛋之所以有助减肥，就是因为它会比其他食物使人有更长久的饱腹感。

（3）杏仁：富含蛋白质、脂肪、糖类、β- 胡萝卜素、B 族维生素、维生素 C、维生素 P 及钙、磷、铁等营养成分。杏仁中所含的单不饱和脂肪酸有助于降低血脂，另外杏仁还含有大量纤维。多项研究表明，适度吃杏仁有助于稳定血糖，消除饥饿感，从而帮助减轻体重。

（4）燕麦：富含可溶性纤维和不溶性纤维，能大量吸收人体内的胆固醇并排出体外，减轻便秘的痛苦，减去体内多余的脂肪。燕麦还含有丰富的 B 族维生素、烟酸、叶酸、泛酸、维生素 E，有很好的降糖、减肥功效，还能改善血液循环，促进新陈代谢，减少体内废物堆积，让体型更加纤细。

（5）蜂蜜：内含的脂肪酸能促进肠胃的活性蠕动，丰富的维生素及矿物质则可调整肠胃的功能，排走体内毒素，改善便秘情况，而葡萄糖和果糖成分能被人体直接吸收，不会造成脂肪堆积的困扰。而且蜂蜜所含热量很低，100 克蜂蜜只含 294 千卡热量，泡一杯蜂蜜水的热量只有十几千卡。

（6）橙子：含有丰富的维生素 C、钙、磷、钾、β- 胡萝卜素、柠檬酸、橙皮苷及醛、醇、烯类等物质。橙子纤维多、热量低，含有天然糖分，是嗜甜而又想减肥者的绝佳甜食替代品。橙子富含纤维，多食有助排便，能减少体内毒素积聚，还能提供饱足感的纤维和促进新陈代谢的维生素 C。维生素 C 和镁在满足身体能量需求后，有促进脂肪分解的效果。

（7）芹菜：美国从事肥胖研究的专家称，“芹菜中水分含量占 95%，一棵芹菜含有 4 ～ 5 千卡的热量，进入肠胃中又需要大约 5 千卡的热量，消化这棵芹菜又需要大约 5 千卡的热量。这样消化芹菜所需的热量超过芹菜本身提供给人体的热量。”像这样的低卡路里蔬菜还有很多，减肥的人可以多吃。

（8）水：体内的很多化学反应都是以水为介质进行的。身体的消化功能、内分泌功能都需要水，代谢产物中的毒性物质要靠水来消除，适当饮水可避免肠胃功能紊乱，防止便秘。喝水会让口腔和胃部感受到有东西经过，水分可以撑起胃部的空间，减轻饥饿感，增加饱腹感，从而降低你的食欲。

第二章

运动前的热身

一、热身的功效

热身，又称准备活动，是在主要身体活动之前，以较小的活动量先行活动肢体，为随后更为强烈的身体活动做准备，目的在于提高随后激烈运动的效率，保证激烈运动的安全性，同时满足人体在生理和心理上的需要。

热身主要有以下的功效：

（1）提高肌肉温度和体温，保证运动安全性。

（2）血流量增加，氧气的扩散加快，肌肉供氧增加。

（3）物质代谢和能量释放过程加强，加速燃脂。

（4）提高神经系统的兴奋性，提升运动效果。

（5）调节心理状态，快速投入运动。

二、热身的分类

热身运动可以分为一般热身、静态肌肉拉伸、专项运动热身和动态肌肉活动。其中，一般热身和静态肌肉拉伸是热身活动的基础，是让身体充分、有效地动员起来，正确地完成这两个热身活动是后面两个部分的准备阶段。专项运动热身主要是针对运动员的运动专项而进行的，动态肌肉拉伸也多是具有较高灵活性的人群和运动员才使用，所以我们在本书中不做具体介绍。

1. 一般热身

一般热身是指一般轻松的身体活动，根据身体的健康水平和运动竞技的状态来确定。一般人群应该是 5 ~ 10 分钟，身体微微出汗。其目的是简单地促进心率的提高，刺激呼吸的频率，增加血流量，帮助运送氧和营养物质给肌肉，同时帮助提高肌肉的温度。

2. 静态的肌肉拉伸

静态肌肉拉伸主要是指对运动时需要的大肌肉群进行拉伸，将其放置于紧张的状态，持续一段时间。静态的肌肉拉伸是安全有效的肌肉基础拉伸活动，能使关节活动范围增加，有效降低肌肉与肌腱的损伤，全面提高肌肉的灵活性。这个部分的活动需要耗时 5 ~ 10 分钟。

3. 专项运动热身

通过前面两个热身的活动后，专项运动热身是针对运动员参与其自己的运动专项所需而进行的热身活动，活动内容必须与专项相符合。

4. 动态肌肉拉伸

动态肌肉拉伸是热身活动的最后一个步骤，如果这个阶段使用肌肉的动态拉伸不妥当，会导致肌肉的损伤风险增加。因此，动态肌肉拉伸应该是有较高灵活性和运动员才允许使用。这种动态的肌肉拉伸包括运用控制、软组织的平衡、摆动活动来扩大身体关节的活动范围，这种活动的力度是循序渐进的。

三、热身的注意事项

一般来说，热身应占运动总时间的 10% ～ 20%。例如，进行 1 小时的有氧运动，热身时间应该为 6 ～ 12 分钟。同时，依据年龄、运动项目、个人体质差异、季节及气温不同，热身运动所需的时间也会不同。通常，我们觉得身体微微出汗，便可以结束热身运动，也可用心跳次数作为热身运动结束的标准。热身运动时的心率达到最大运动心率的 60% ～ 70% 即可。

许多爱好运动的朋友常常进行的拉伸动作，其实并不能达到热身的效果。这些各种伸展关节的动作，将肌肉、肌腱、韧带等软组织拉松，以增加关节活动的灵活度，所以也有预防运动伤害的作用。不过，如果针对还没有“活动开来”的“冷”肌肉强行加以拉扯，不但达不到增加柔软度的效果，反而更容易造成肌肉的伤害！

第三章
办公室健身操

当我们长期做一种动作时，所用的肌肉就会痉挛、僵硬。对于白领来说，长期坐着，腰背肌就会僵硬；保持一种姿势看电脑，颈肩部位的肌肉就会僵硬。拉伸运动正好是帮助肌肉减缓、消除痉挛和僵硬的最好方法，且鉴于办公室的场地及时间的局限，比较适宜以小范围、小关节的活动及拉伸为主，以缓解疲劳、缓解酸痛为主。

我们利用办公室的桌椅及办公桌上顺手可拿的东西作为我们的健身器材，利用工作的间隙，随时可以进行一些简单的健身操。练习时默数节拍做动作，也可播放舒缓的音乐，跟着音乐节拍做动作。

一、笔操

白领长期对着电脑，眼睛酸涩，利用常见的一支笔，利用几个简单的动作，便可以缓解视疲劳。

1. 前后平移

右手持笔前平举，匀速向脸部平收，再还原到开始姿势，过程中，眼睛始终注视笔。四拍一动，左右手各做 2 个八拍。

前后平移

2. 对角线移动

右手持笔前平举，匀速做左斜上→中间→右斜下→中间的运动轨迹，左手方向相反。过程中，头部可随手的动作微微抬起或低下，眼睛始终注视笔。两拍一动，左右手各做 2 个八拍。

对角线移动

3. 画正方形

右手持笔前平举，匀速做右平移→向上→左平移→向下的运动轨迹，左手方向相反。过程中，眼睛始终注视笔。两拍一动，左右手各做 2 个八拍。

画正方形

4. 左右平移

右手持笔前平举，水平方向左、右匀速移动，保持头部相对固定，眼睛始终注视笔。两拍一动，左右手各做 2 个八拍。

左右平移

5. 眼球转动

闭眼，眼球做上下运动及顺时针、逆时针转动。

二、文件夹操

长期伏案，肩颈背容易酸痛，利用办公室常见的文件夹，几个简单的练习就能扩展胸腔，收紧背肌，放松颈椎，改善驼背、圆肩等不良体态，还能锻炼腕部关节，改善鼠标手。

1. 前平举翻腕

两腿站立，两臂前平举，双手抓住文件夹的边缘，靠手腕力量做上下翻腕动作，类似扇风。两拍一动，共做 4 个八拍。

起始姿势

翻 腕

2. 前平举开车

两腿站立，两臂前平举，双手抓住文件夹边缘，想象双手握住方向盘，顺时针、逆时针旋转至一手上、另一手下。四拍一动，共做 4 个八拍。

起始姿势

逆时针转动

顺时针转动

3. 侧平举外展、内收

两腿站立，右臂侧平举，抓住文件夹的边缘，以肘关节为轴，小臂做水平内收、外展的动作，左手方向相反。一拍一动，左右手各做 2 个八拍。

起始姿势

内　收

外　展

4. 托盘式外展、内收

两腿站立，左臂背于身后，右臂肘关节靠近腰际，类似于托盘子一样抓住文件夹，肘关节相对固定，小臂做水平方向的外展与内收动作，左手方向相反。一拍一动，左右手各做 2 个八拍。

起始姿势

外　展

内　收

5. 双臂背后上抬

两腿站立，两臂与肩同宽置于体后，靠近身体，反手握住文件夹的边缘，在不改变身体直立姿态的情况下，双臂尽量向后抬起。两拍一动，共做 4 个八拍。

起始姿势

上 抬

还 原

6. 前平举转体

两腿开立与髋同宽，两臂前平举，双手抓住文件夹的中间，向左、右做转体动作，角度为 75° ~ 90°。两拍一动，共做 4 个八拍。

起始姿势

左 转

右 转

7. 对角线运动

两腿开立与髋同宽，两臂前平举，双手抓住文件夹的中间，略转腰，双臂沿对角线方向做上下移动。两拍一动，两条对角线方向各做 2 个八拍。

起始动作

向左上方移动

向右下方移动

三、椅操

白领每天伏案工作，身体都是向前含胸，久而久之容易导致弯腰、驼背现象，所以要反向伸展，打开胸腔，伸展身体。另外，可以利用椅子上的一些练习，锻炼臀大肌和大腿后侧肌群；锻炼大腿股四头肌和膝盖；锻炼手臂力量(肱三头肌)；锻炼核心肌肉，收紧腹部。

1. 站姿单腿后摆

站姿单腿后摆

双手扶住椅背，在保持身体直立姿势的情况下，核心肌肉收紧，右腿匀速地向后摆动，落下时脚尖微微点地。整个摆动的过程始终绷紧膝关节。两拍一动，左右腿各做 4 个八拍。

2. 坐姿单腿上抬

坐一半椅子，双手扶住椅子扶手或椅子两边作为辅助，右腿向上匀速抬起，根据自身的力量和柔韧性，尽量伸直腿，然后屈膝收回。四拍一动，左右腿轮换，共做 4 个八拍。

起始姿势

单腿上抬

3. 坐姿提臀

坐一半椅子，双手扶住椅子扶手或椅子两边作为辅助，腿不动，利用手臂力量使臀部离开椅子，然后还原坐下。两拍一动，共做 4 个八拍。

起始姿势

提 臀

4. 坐姿转体

坐一半椅子，双臂侧平举。向右、左转动躯干，尽量至 90°，两臂呈一直一屈，转头看直臂手方向。四拍一动，左右轮换，共做 4 个八拍。

起始姿势

向右转

还　原

向左转

5. 坐姿腿屈伸

坐一半椅子，双手扶住椅子扶手，上身略后仰靠住椅背，双腿弯曲离地向腹部收缩，然后向前下方蹬出，脚不着地。可从四拍一动过渡到两拍一动，共做 4 个八拍。

起始姿势

屈　腿

伸 腿

6. 坐姿展胸

坐一半椅子，上身挺直，双手背后十指交叉相握，掌心向上。挺胸向前，抬头 45° 向上看。用力拉伸时加深呼吸，每次都要让胸腔充分打开，保持 3 ～ 5 次呼吸。

7. 坐姿肩部伸展

坐 2/3 椅子，上身挺直，脊柱延展，双手十指交叉举过头顶，掌心向上，双臂放在耳朵两侧，低头，眼睛看地面，保持 3 ～ 5 次呼吸。

坐姿展胸

坐姿肩部伸展

8. 坐姿侧伸展

坐 2/3 椅子，上身挺直，脊柱延展，一手扶住椅子把手或座椅侧端，另一手臂上举贴近耳朵，躯干单侧弯曲。躯干先延展，再侧弯，保持 3 ~ 5 次呼吸后交换到另一边。

坐姿侧伸展

第四章

家庭健身操

白领们由于工作的原因，多半缺乏运动时间，导致肌肉的松弛，如腹部赘肉、蝴蝶袖、副乳等。我们可以通过两类运动来改善这种情况，一类是用来减脂的有氧运动，另一类是用来增加肌肉的无氧运动。

有氧运动用来减脂，需要参考运动时间和运动强度。一般运动时间在 15 分钟以上才能启动脂肪的燃烧，运动时间在 60 ～ 90 分钟减脂的效果会比较好。常见的有氧运动有跑步、跳绳、游泳、自行车、健身操等，当然还有很多球类运动也可以减脂，如羽毛球、篮球、足球等。

无氧运动在这里可以理解为力量训练，用来刺激肌肉生长的运动。例如，在健身房利用器材进行的单一训练和组合训练，或者利用自重进行的一些特定部位的肌肉的训练。

在这一章，我们着重介绍用来增加肌肉的、在家里可以进行的无氧运动。家庭相对办公室来说，空间会比较大，利用瑜伽垫、哑铃、健身球、弹力带等轻器械，就能完成很多锻炼，且省去了去健身房的路上来回时间，对于时间有限的白领们来说，比较容易完成和坚持。

一、手臂练习

日常生活中，手臂是活动最激烈的部位，但其伸展的方向大多只有前面或侧面。肱三头肌才是拥有纤细手臂的关键，但因为平时不太常用到这个部位的肌肉，从而导致其代谢下降，赘肉容易堆积，形成我们通常所说的蝴蝶袖。

在家里可以利用自身重量或哑铃，甚至是装满水的矿泉水瓶子来进行瘦手臂动作。

1. 屈臂推起

四肢着地，仰面支撑，大小腿呈直角。屈臂夹肘，臀部下降，尽量触地；直臂推起。两拍一动，共做 4 个八拍或 8 个八拍。

2. 复合型肩部运动

两脚开立与肩同宽，双手握拳置于体侧，侧平举，再上举，然后一臂侧平举、一臂前平举，两臂呈直角，最后两臂下垂。两拍一动，左右轮换，共做 4 个八拍或 8 个八拍。

起始姿势

屈臂下身

直臂起

复合型肩部运动

3. 双臂侧平举旋转

两脚开立与肩同宽，双手侧平举，以肩部为轴，直臂小幅度地向内垂直绕环。一拍一动，做 4 个八拍。

双臂侧平举旋转

4. 屈臂冲拳

两脚开立与肩同宽，双手握拳置于体侧，拳心向前。右臂向上屈臂至肩膀位置，肘关节尽量固定，靠近身体。然后翻腕，拳心向下，向前水平冲拳，两拍一动，左右手轮换，各做 4 个八拍。

屈臂冲拳（正面）

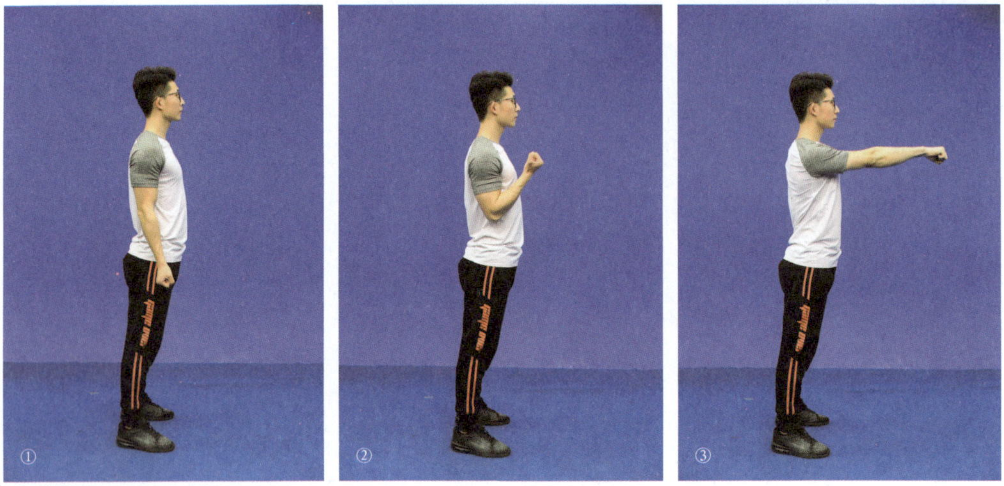

屈臂冲拳（侧面）

5. 俯身臂屈伸

两脚开立与肩同宽，双膝弯曲，上身前倾，背部挺直，双手握拳置于腰际，夹肘，拳心向内。在保持身体姿态不变的基础上，双手小臂贴着身体向后方伸直，肘关节尽量固定，靠近身体。两拍一动，共做 4 个八拍或 8 个八拍。

俯身臂屈伸

6. 直立臂屈伸

两脚开立与肩同宽，单手上举，屈肘，小臂向后。保持大臂固定，小臂做屈伸。两拍一动，共做 4 个八拍或 8 个八拍。

直立臂屈伸

7. 反向飞鸟

两脚开立，略比肩宽，上身前倾，双膝略屈，两臂与肩同宽垂直地面，拳心相对。将双臂抬至侧平举方向，拳心向下，肘微屈。两拍一动，共做 4 个八拍或 8 个八拍。

反向飞鸟

8. 屈臂停顿

两脚开立与肩同宽，双手置于体侧，双手小臂向上抬至腰部高度，大臂固定，靠近身体，手腕持平。四拍一动，共做 4 个八拍。

起始姿势

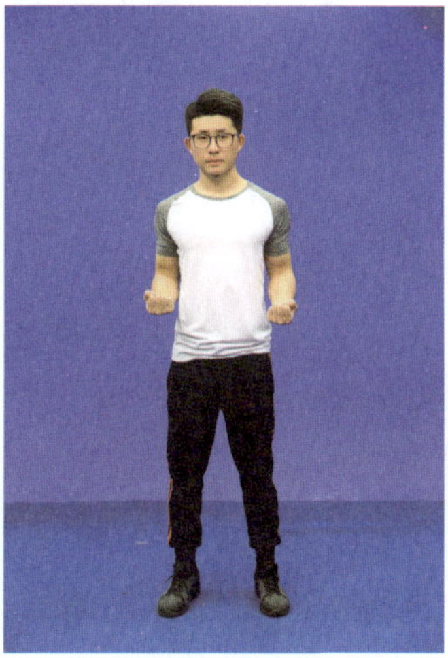

屈臂（正面）

屈臂（侧面）

二、臀、腿部练习

女性需要肩负孕育新生命的重责大任，而圆润的脂肪组织恰好能形成一个柔软安全的保护膜，于是一发胖，下半身就是最快速反应的部位；上班族经常坐着不运动，每天从早坐到晚，臀部也容易堆积脂肪。下面几个简单的练习，能帮助紧实大腿和臀部的肌肉。

1. 全方位弓步蹲

全方位弓步蹲

直立，右腿向前迈出呈弓步，膝盖不要超过脚尖，左腿膝盖垂直地面；右腿蹬地收回，向右侧迈出呈侧弓步，膝盖不要超过脚尖，两脚尖方向向前；右腿蹬地收回，再向后迈出，膝盖垂直地面，成左腿在前的弓步。两拍一动，左右腿轮换，共做 8 个八拍。

* 侧弓步时，身体前倾，臀部向后是练臀部肌肉；身体直立则是锻炼腿部肌肉。

2. 箭步蹲 + 后摆

双手于胸前相握，肘关节打开，一腿向前迈出一大步，大小腿成直角，膝盖不要超过脚尖，后腿大腿垂直地面，膝盖几乎触地，脚后跟提起，上身保持竖直、稳定。前腿直立的同时，后腿靠臀部力量直腿向后摆。两拍一动，左右腿轮换，共做 4 个八拍。

* 这个动作，只要家里能迈开四五步就能做，双臂也可以持重物。

箭步蹲 + 后摆

3. 俯身单腿上摆

以椅子或床沿等作为支撑物，以椅子为例，两臂弯屈，小臂紧贴椅子面，与肩同宽，身体基本成一斜线。臀部发力，以大腿带动整条腿向上摆。两拍一动，左右腿各做 4 个八拍。

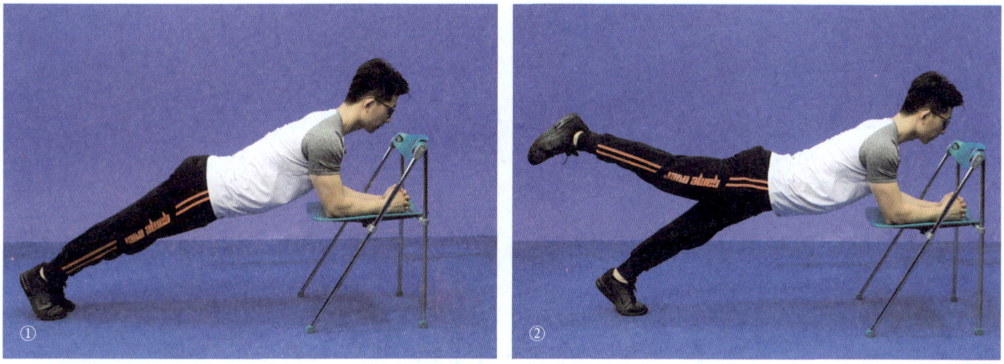

俯身单腿上摆

4. 相扑深蹲

两脚开立，比肩略宽，臀部肌肉收紧，臀部向下向后深蹲，重心落在脚后跟上。两拍一动，共做 4 个八拍或 8 个八拍。

* 可以手持装满水的矿泉水瓶子或其他重物，重量主要是用来控制身体姿态的，用来抑制身体弓腰。

相扑深蹲

5. 站姿单腿外展 + 伸展

双臂找好支撑物，可以是栏杆或椅背或墙壁，身体直立，上身略前倾。单腿向侧外展上摆，收回，然后向后摆，过程中始终直膝。两拍一动，左右腿各做 4 个八拍。

* 如果有沙袋可绑上练，或者绑弹力带，形成一定的阻力。

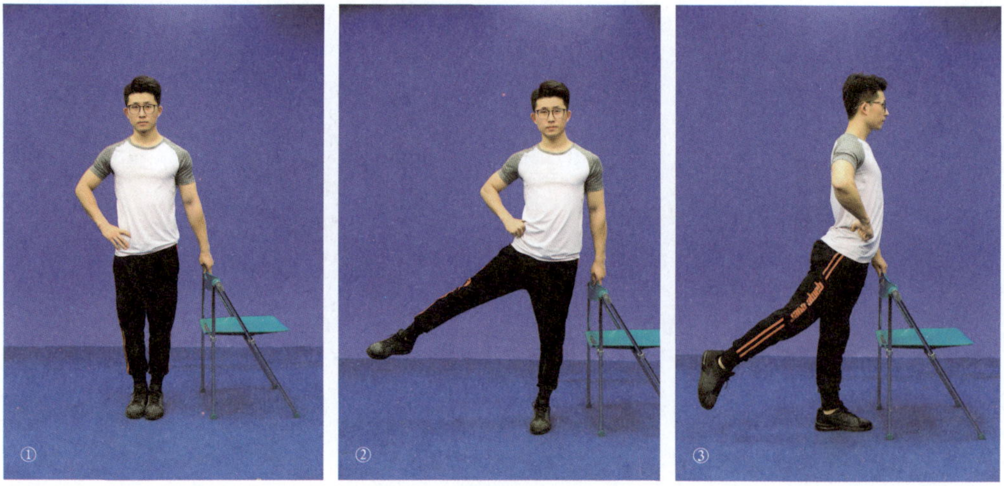

站姿单腿外展 + 伸展

三、核心训练

所谓“核心”是人体的中间环节，就是肩关节以下、髋关节以上包括骨盆在内的区域，是由腰、骨盆、髋关节形成的一个整体，包含 29 块肌肉。当我们手和腿活动的时候，这些核心肌肉会帮助身体保持稳定。这里我们介绍简单和中等难度两个层次的一些动作，白领们可以根据自身的身体健康程度和运动水平，选择适合自己的动作，循序渐进。

（一）简单难度

1. 仰卧卷腹（腹横肌）

平躺于地面，屈膝，大小腿呈 90°，两腿平行，稍分开，双脚平放于地面上，双手置于两耳侧，利用腹部的力量使上身微微卷起，与地面的夹角不超过 45°。两拍一动，共做 8 个八拍。卷腹过程中需要保持腰部固定，下背始终紧贴地面。

仰卧卷腹

2. 仰卧交替触脚跟

平躺于地面，屈膝，大小腿呈 90°，两腿平行，稍分开，双脚平放于地面上。利用腹部的力量使上身微微卷起，两手轮流触同侧脚跟。一拍一动，共做 2 个八拍。过程中需要保持腰部固定，下背始终紧贴地面。

仰卧交替触脚跟

3. 仰卧屈膝卷腹

平躺于地面，两腿屈膝抬起，大小腿呈 90°，大腿与躯干呈 90°，

仰卧屈膝卷腹

双臂上举，两手互握。保持腿部固定，利用腹部的力量使上身微微卷起，与地面的夹角不超过 45°。卷腹的过程中需要保持腰部固定，下背始终紧贴地面。两拍一动，共做 8 个八拍。

4. 仰卧对角交替收膝

平躺于地面，屈膝，大小腿呈 90°，两腿稍分开，双脚脚跟着地，双手置于两耳侧。一侧腿收膝，另一侧肘关节去触膝，放下，对角交替进行。过程中需要保持腰部始终紧贴地面。两拍一动，共做 8 个八拍。

仰卧对角交替收膝

5. 平板支撑

以俯卧撑姿势为开始姿势，双脚分开，与肩同宽，头和身体呈一条线，脚跟、臀、肩呈一条线。前臂弯屈贴于地面，肩膀垂直地面。支撑过程中全身肌肉紧绷，收紧小腹，腰背挺直，注意力集中在腹部，感受腹部发力。尽量保持 30 ～ 60 秒。

平板支撑

6. 侧卧举腿卷腹

右侧卧，右臂上举贴地，右耳枕于右臂上，左手置于腹部前，手掌贴地，躯干与腿在一个平面（成一直线）。两腿并拢上抬，然后缓慢落下。两拍一动，每侧各做 4 个八拍。

侧卧举腿卷腹

（二）中等难度

1. 仰卧抬臂

仰卧抬臂

平躺于地面，屈膝，大小腿成 90°，两腿稍分开，双脚平放于地面上，双手置于体侧。利用核心力量将臀部抬起，至躯干、腰、大腿在一个斜面上，然后缓慢落下。此过程要保持上背始终紧贴地面。两拍一动，共做 8 个八拍。

2. 仰卧蹬车

仰卧，双手置于耳后，一腿弯屈，膝盖靠胸，另一腿直腿离地 10 ～ 15 厘米，先卷腹起然后转体，用异侧的肘关节去碰屈腿的膝关节，空中换腿交替进行。此过程需要保持腰部始终紧贴地面。两拍一动，共做 4 个八拍。

仰卧蹬车

3. 仰卧举腿

仰卧，双手交叠置于脑后，两腿并拢，直腿上举至与地面呈 45° ～ 60°，然后缓慢放下，脚跟轻触地面后马上再上举。此过程要保持腰部和下背部始终紧贴地面。两拍一动，共做 8 个八拍。

仰卧举腿

4. 仰卧左右交叉摆腿

仰卧，双臂置于体侧，两腿并拢抬起，离地 10 ～ 15 厘米，两腿交替交叉摆腿。此过程需要保持腰部始终紧贴地面。一拍一动，共做 4 个八拍。

仰卧左右交叉摆腿

5. 仰卧上下交替摆腿

仰卧，双臂置于体侧，两腿并拢抬起，离地 10 ～ 15 厘米，两腿交替上下摆腿。此过程需要保持腰部始终紧贴地面。一拍一动，共做 4 个八拍。

仰卧上下交替摆腿

6. 触膝卷腹

平躺于地面，屈膝，大小腿呈 90°，两腿稍分开，双脚脚跟着地，双手置于脑后。抬腿同时卷腹，双手肘关节触膝，还原。两拍一动，共做 4 个八拍。

触膝卷腹

7. 平板支撑抬腿

以俯卧撑姿势为开始姿势，双脚分开，与肩同宽，头和身体成一条线，脚跟、臀、肩成一条线。前臂弯屈贴于地面，肩膀垂直地面。两腿轮流上抬，落下。此过程要全身肌肉紧绷，收紧小腹，腰背挺直。一拍一动，共做 4 个八拍。

平板支撑抬腿

8. 俄罗斯转体

坐在地上，双腿弯屈，脚跟着地，背部保持平直，上半身与大腿形成一个“V”字形，双手握拳或持哑铃或杠铃片。集中注意力在腰腹，收缩腰腹，并左右扭动身体。一拍一动，共做4个八拍。若想增加难度可抬起双腿，但旋转过程中动作背部要始终保持挺直状态，动作幅度越大训练效果越好。

俄罗斯转体

做完上述8组力量练习后，建议再做30分钟的有氧运动，如快走或慢跑，效果会更好。

第五章

运动后的放松

第一节　放松的功效和注意事项

一、放松的功效

运动后立即停止肌肉活动，四肢就无法利用肌肉的收缩将血液送回心脏，而这时心脏仍跳动很快并继续将血液送回四肢，这种不平衡会造成以下两方面的结果：一方面为四肢特别是腿部淤血，另一方面为脑部和其他脏器因回心血量减少而无法获得心脏送去的血液，这时轻者出现头晕、乏力，重者出现晕厥。因此，剧烈运动后，放松活动是保证躯体和内脏运动平衡的重要措施。且人体在运动之后，需要逐步恢复到相对安静的状态，缓解锻炼时心理的紧张。从心理学角度看，运动之后放松运动可以帮助紧张心理的恢复。

放松是指在体育锻炼后，所采用的一系列放松练习和运动后按摩等恢复手段，目的是消除疲劳，恢复体能，提高锻炼效果。

放松的内容很广泛，一般在运动结束后要拉伸；然后可以洗个热水澡，最好时间稍微长一点，让热水多冲冲肌肉酸痛和僵硬的地方，最好在冲的过程中再按摩一下酸痛的肌肉和刚才运动时锻炼的部位；最后就是按摩，自己或者找个按摩师按摩一下身体上的各个运动部位和肌肉酸痛的地方，时间最好不要少于半小时。

在这里我们主要介绍放松内容中的拉伸环节。

运动前后都需要拉伸，运动后拉伸与运动前拉伸的目的不同，而且这是两个完全不同的过程。运动前拉伸的目的是预防损伤，一般建议以动态伸展为主，主要目的是提升肌肉与肌腱的弹性和延展性，增加关节活动度，这保证了我们可以不受限制地自由运动，并避免运动损伤发生。然而，运动后的拉伸则起着完全不同的作用，其首要目的是放松肌肉，通过拉伸使运动后紧绷的肌肉与肌腱得到舒展，有利于防止肌肉僵硬。

拉伸的主要功效：

（1）缓解肌肉紧张，让身体更加放松。

（2）提高身体柔韧性，让身体更加轻松自如地运动，从而提高身体的协调性。

（3）能扩大身体的运动范围，增加肌肉运动幅度，使健身动作更加标准。

（4）能防止肌肉扭伤（强健的、柔软的、拉伸过的肌肉比僵硬的、未经拉伸的肌肉更能承受压力）。

（5）有助于保持身体柔韧度，身体不会因年龄变大而越来越僵硬。

（6）能让肌肉更加紧致，线条越来越流畅。

二、注意事项

运动后的拉伸建议为 5 ～ 10 分钟静态拉伸活动。

每个部位的拉伸应当重复 2 ～ 3 组，每组 15 ～ 30 秒，组间休息 5 ～ 10 秒。

拉伸活动并不是力度越大越好，只需拉伸至肌肉有牵拉感就好。

拉伸过程中保持自然呼吸，且要增加呼吸的深度，这有助于身体将有氧血液输送至目标肌肉，以促进肌肉放松。

拉伸时要注意动作和体位的正确，动作正确，才能确保拉伸效果。

第二节　常见的拉伸动作

一、颈部

右手举过头顶，轻轻将头部向右侧拉动，感觉颈部左侧肌肉被牵拉，换左手做同样动作。

二、肩部

右臂伸直，前平举，左手托住右手的上臂处，将右臂向身体方向靠拢，还可以旋转伸直的手臂，使更多的肩部肌肉得到拉伸。换手重复动作。

颈部拉伸

肩部拉伸

三、胸部

（1）两臂于体后十指交叉相握，掌心向上，挺胸，肩胛骨向后向下，略抬头。

（2）右侧对墙站立，右脚后撤，重心前移至左脚上，右手屈肘扶墙，沉肩，身体略左转前倾，体会胸部被拉伸的感觉。换方向做。

胸部拉伸

四、背部

（1）双脚开立，十指交叉相握，掌心向内，低头含胸，向后推动身体，两臂向前处远伸，使脊椎形成字母“C”的形状。

（2）十指相扣翻掌，掌心向上，用力往上伸。

（3）跪姿，大小腿基本呈 90°，躯干与大腿基本呈 90°，双手撑地，低头、弓背，然后抬头塌腰，重复。

背部拉伸

五、手臂

1. 肱三头肌

一手屈肘，另一手抱住屈肘手的肘关节向后拉，屈肘的手摸同侧肩胛骨。

2. 前臂

（1）右臂前平举，手指和手腕基本垂直，掌心向前，左手握住右手手指。右手掌根用力往前。

（2）右臂前平举，手指和手腕基本垂直，掌心向后。左手手掌抵住右手手背，向后用力。

肱三头肌拉伸（背面）

肱三头肌拉伸（侧面）

前臂拉伸（1）

前臂拉伸（2）

六、臀部

（1）直立，右腿屈膝抬起，双手交叉扶住右膝关节，用力将大腿往腹部靠。两腿轮换。

（2）左腿直立，右腿抬起搭在左腿膝盖处，形成阿拉伯数字“4”形状，双手扶在右小腿两侧，慢慢屈髋往下坐。换腿做。

（3）仰卧，左腿屈膝抬起，大小腿基本呈 90°，右腿屈膝架在左腿的膝盖处，双手抱住左大腿下方，将腿往胸部方向拉，体会右侧臀大肌被拉伸的感觉。

臀部拉伸

七、大腿

1. 大腿前侧股四头肌

（1）同侧手抓住同侧脚踝向臀部方向用力，膝盖垂直地面，两膝微微并拢，另一手臂可以侧平举，以保持平衡。

（2）双脚脚背着地，整个人跪坐在脚后跟上，双手向后支撑，指尖向前，重心后移，抬头挺胸。

2. 大腿内侧肌群

（1）双脚开立比肩略宽，脚尖外开，屈髋下蹲，膝盖向脚尖方向延伸。也可以用肘关节抵住双膝内侧，加大拉伸幅度。

（2）坐姿，双脚脚底在身前相互贴紧，膝盖向外撑并尽量靠近地面，双手抓住双脚踝，身体前倾，保持这个姿势，数到 10，放松，然后重复 3 ~ 5 次。

大腿前侧股四头肌

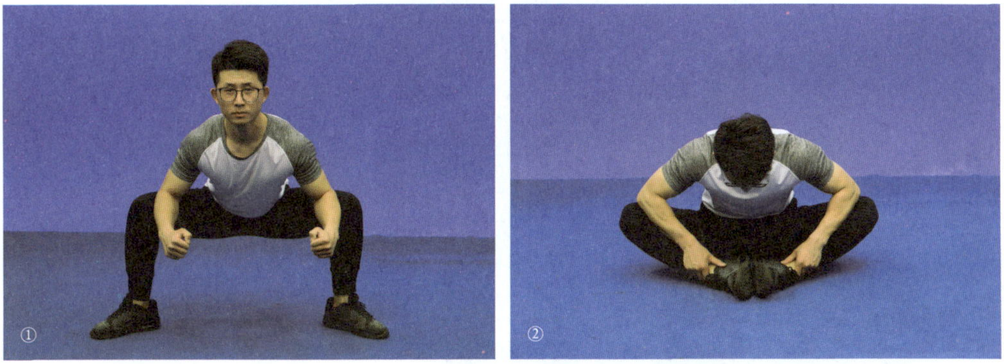

大腿内侧肌群

3. 大腿后侧肌群

（1）双腿并拢直立，身体做前屈动作，双手指尖尽量触地，或手掌触地。

（2）直腿坐，勾脚尖，上身前倾，双手去抓脚尖。

大腿后侧肌群

八、小腿

（1）右腿屈膝，左腿直腿勾脚尖，屈髋下蹲，右手轻轻放在屈膝腿的大腿根部且左手触左脚尖。

（2）弓步站立，脚尖向前，两脚尖方向一致，两手轻轻放在大腿上。躯干略前倾，成斜板，不要过直。此动作也可以双手撑墙做。

（3）双手撑墙，一腿勾脚尖抵住墙，另一腿直立，重心向前向下压。

小腿拉伸

九、躯干

（1）右腿向后交叉置于左腿后，左手叉腰，右臂上举，躯干向左侧弯。换方向。

（2）双腿交叉盘坐，一手屈臂贴地，另一手举过头顶，身体往屈臂手方向倒。

（3）坐姿，左腿伸直，右腿屈膝交叉置于左腿外侧，右手撑地，左手抱住右腿向身体靠，同时向右转腰，体会左侧腰部肌肉被拉伸的感觉。换方向做。

（4）仰卧，左腿屈膝交叉置于右腿上方，右手掌抵住左膝外侧，左臂贴地，尽量保证躯干的面固定。换方向做。

十、腹部

俯卧，然后用手将上身撑起来，上身尽量后仰，体会腹肌被拉伸的感觉。

躯干拉伸

腹部拉伸

第六章

运动损伤的预防和紧急处理

运动损伤是指在运动过程中所发生的各种损伤。

造成运动损伤的原因是多方面的，既与锻炼者的基础、技能水平有关，也与运动项目的特点、技术难度及运动环境等因素有关，因此，我们必须重视运动损伤的预防。

如果运动损伤已经发生，我们必须知道一些紧急处理的方法。对于普通人群，在一般的健身过程中会出现的主要是肌肉韧带拉伤、关节扭伤、挫伤、运动疲劳、运动性腹痛和重力性休克等。下面就每种损伤做一下说明：

一、肌肉韧带拉伤

【表现】损伤后伤处肿胀、压痛、肌肉痉挛，触诊时可摸到硬块，严重的肌肉拉伤是肌肉撕裂。

【原因】内因：训练水平不够，柔韧、力量、协调性差，生理结构不佳。外因：准备活动不充分、场地、气温、湿度、活动内容安排不合理。

【处理】24 小时内为急性期，应停止运动、冷敷或用自来水冲淋、包扎、抬高受伤部位；24 小时后为恢复期，可配合按摩、微动、康复或恢复性锻炼。如果肌肉已大部分或完全撕裂，在加压包扎急救后，固定患肢，立即送医院手术缝合。

【预防】在正常天气情况下锻炼、准备活动充分、循序渐进。

二、关节扭伤

【表现】伤后局部能力立即丧失，有明显肿胀、疼痛等。

【原因】内因：技术掌握不好、协调性差，关节周围肌肉力量小、生理结构不佳、体力差。外因：准备活动不够、场地光滑、器材使用不当、活动内容安排不合理（动作速度快，转、跳多）。

【处理】24 小时内为急性期，应停止运动、冷敷或用自来水冲淋、包扎、抬高受伤部位；24 小时后为恢复期，可配合按摩、微动、康复或恢复性锻炼。

【预防】准备活动充分、了解设备使用、循序渐进、自己放慢速度。

三、挫伤

【表现】单纯挫伤会在损伤处出现红肿、皮下出血，并有疼痛；内脏器官受伤时，则会出现头晕、脸色苍白、出虚汗、四肢发凉等现象，严重者甚至出现休克。

【原因】因撞击器械或练习者之间相互碰撞而造成。

【处理】在24小时内冷敷或加压包扎，抬高患肢；24小时以后，可按摩或理疗；进入恢复期可进行一些功能性锻炼。如果怀疑内脏损伤，则临时处理后，送医院检查治疗。

【预防】准备活动充分、加强安全意识。

四、运动疲劳

【表现】心悸、心动过速，运动后血压、脉搏恢复慢，内脏不适，血尿等，人发冷，多汗，脸色白或红，头痛、晕，筋疲力尽。

【原因】锻炼方法不对，没有循序渐进、系统地锻炼，运动量大，练习时间过长，休息不充分等。

【处理】调整锻炼计划，调整运动量，循序渐进，进行系统、全面训练。

【预防】安排合理的锻炼时间、计划，注意劳逸结合。

五、运动性腹痛

【原因】肝脾淤血、慢性腹部疾病；呼吸肌痉挛（准备活动不够，肺透气低，运动与呼吸不协调）；胃肠痉挛（运动前吃得过饱、饭后过早运动，空腹或喝水太多）。

【处理】减慢运动速度、加深呼吸、调整运动呼吸节奏、手按疼痛部位，若还不行应停止运动；口服抗痉挛药物（阿托品、祛暑剂）。

【预防】运动前健康检查，合理安排运动饮食，饭前饭后1小时运动，不空腹、不喝太多水运动。

六、重力性休克

【表现】头晕、眼发黑、心脏不适、脸苍白、手发凉，严重时晕倒。

【原因】运动时血液都供应下肢、突然静止运动时静脉回流不够，脑缺血缺氧，产生脑贫血。

【处理】平卧、脚垫高（头低于脚），从小腿到大腿依次按摩。

【预防】高强度运动后，不要马上停止运动。

参考文献

埃格尔. 健身训练教练员手册. 北京：北京体育大学出版社，2002.

霍斯特. 有氧训练教练员手册. 北京：北京体育大学出版社，2002.4

陆耀飞主编. 运动生理学. 北京：北京体育大学出版社，2007.

罗杰 W. 美国国家体能协会私人教练基础. 上海：文汇出版社，2004

潘珊珊主编. 运动解剖学. 北京：人民体育出版社，2007.

王安利主编. 运动医学. 北京：人民体育出版社，2008.

王人卫，刘无逸主编. 运动伤害事故处理与急救. 北京：人民体育出版社，2010.